Redaktion Sonderpädagogische Förderung

Sachtext-Checker: 5-Minuten-Lesetraining – SoPäd

Mit einfachen Texten aus dem Leben der Jugendlichen das sinnentnehmende Lesen trainieren

1. Auflage 2024

AAP Lehrerwelt GmbH
Veritaskai 3
21079 Hamburg
Telefon: +49 (0) 40325083-040
E-Mail: info@lehrerwelt.de
Geschäftsführung: Andrea Fischer, Sandra Saghbazarian
USt-ID: DE 173 77 61 42
Register: AG Hamburg HRB/126335

Autorschaft:	Redaktion Sonderpädagogische Förderung
Coverfoto:	© Christian Schwier – stock.adobe.com
Grafik:	Steffi Aufmuth, Corina Beurenmeister, Daniela Buehnen, Barbara Gerth, Steffen Jaehde, Kristina Klotz, Elisabeth Lottermoser, Carla Miller, Katharina Reichert-Scarborough, Oliver Wetterauer, Eckart Breitschuh, Atelier Trantow
Satz:	Typographie & Computer, Krefeld
Druck und Bindung:	PMLS GmbH & Co. KG, Kassel

ISBN/Bestellnummer: 978-3-403-21278-2
www.persen.de

Inhalt

Liebe Lehrkräfte,

ob auf Papier, online oder unterwegs im Alltag – eine Unmenge an Texten prasselt täglich auf Jugendliche ein. Schülerinnen und Schüler mit sonderpädagogischem Förderbedarf stehen vor der Herausforderung, sich in dieser Welt voller Formulierungen zurechtzufinden. Das Verstehen von Sachtexten und das Entnehmen von Informationen sind sehr wichtige Fähigkeiten, die fortwährend gefördert werden sollten.

Mit diesem Material bieten wir Ihnen eine spielerische Möglichkeit, das **sinnentnehmende Lesen** in nur wenigen Minuten und ohne aufwendige Vorbereitung zu trainieren.

Jede Übungseinheit besteht aus zwei Teilen: Auf der **linken Seite** befindet sich ein **kurzer, informierender Text**, der an die Interessen und Lebenswirklichkeit der Jugendlichen angelehnt ist. Die Texte sind zum Teil frei erfunden und witzig geschrieben. Auf der **rechten Seite** wartet ein **Multiple-Choice-Quiz**, das nicht nur das Textverständnis überprüft, sondern auch durch ein **Lösungswort** eine einfache **Selbstkontrolle** ermöglicht. Die Jugendlichen falten das Blatt in der Mitte und lesen zuerst den Text links. Mehrmaliges Lesen der Texte sowie das Markieren von Schlüsselwörtern sind erlaubt und helfen den Schülerinnen und Schülern, sich die Dinge zu merken. Anschließend drehen sie das Blatt um und bearbeiten das Quiz. Kinder und Jugendliche, die mehr Unterstützung benötigen, können auf das Falten verzichten und den Text beim Beantworten der Fragen parallel im Blick behalten.

Wir hoffen, dass Ihnen dieses Material viel Freude bereitet und einen Beitrag zur erfolgreichen Leseförderung leistet.

Viel Freude beim Ausprobieren!

Die Redaktion Sonderpädagogische Förderung – PERSEN

1 Blatt in der Mitte falten | 2 Seite mit dem Text lesen | 3 Blatt umdrehen und Quiz lösen

Rezept für Bananen-Mandelmilch-Shake

Zutaten für 1 Portion

Vorbereitungszeit:
ca. 10 Minuten

Koch-/Backzeit:
ca. 2 Minuten

✓ 250 ml Mandelmilch

✓ 1 Banane, groß

✓ 2 Prisen Zimt

✓ etwas Ahornsirup

Zubereitung:

1. **Banane, Zimt** und **Ahornsirup** nacheinander in den Mixer geben. Zum Schluss die **Mandelmilch** dazugeben.
2. Dann kräftig **mixen**. So lange, bis der Shake die gewünschte Festigkeit erreicht hat.
3. Den **Shake in ein Glas füllen** und genießen!

Kreuze an und finde das Lösungswort heraus.

Für wie viele Shakes ist das Rezept?		
3		P
1		G
Wie viel Backpulver wird benötigt?		
1 Päckchen		A
gar keins		E
Welches elektrische Gerät brauchst du?		
Wasserkocher		K
Mixer		S
Was kommt nicht in den Shake?		
Ahornsirup		F
Schokostreusel		U
Welches Gewürz soll noch rein?		
Pfeffer		K
Zimt		N
Welche Zutat soll als letzte dazu?		
Mandelmilch		D
Banane		E
Lösungswort:		

1 Blatt in der Mitte falten 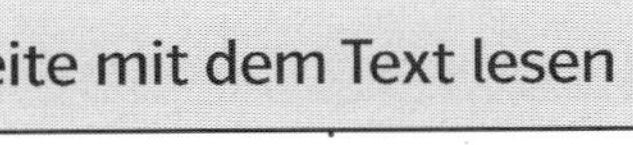 2 Seite mit dem Text lesen 3 Blatt umdrehen und Quiz lösen

* Danach 15,99 € pro Monat. Vertragslaufzeit zwei Jahre. Das Abo verlängert sich automatisch jeweils um zwei weitere Jahre, wenn es nicht vor Ablauf einer Frist von 3 Monaten zum Vertragsende gekündigt wird.
** maximal 2 Geräte

Kreuze an und finde das Lösungswort heraus. 

Wie heißt das Angebot?		
Happy-Weekend-Deal		A
Bad-Hair-Day-Deal		P
Wie lange kannst du kostenlos schauen?		
6 Monate		N
3 Monate		V
In welcher Qualität kannst du schauen?		
bester Qualität		M
HD-Qualität		E
Wie viel kostet das Abo normalerweise?		
15,99 € pro Monat		EL
15,99 € pro Jahr		ZE
15,99 € alle drei Monate		LE
Wie lang ist die Vertragslaufzeit, wenn du rechtzeitig kündigst?		
2 Jahre		DE
3 Monate		KL
1 Monat		ÄO
Auf wie vielen Geräten kannst du Filme+ schauen?		
auf allen		R
auf höchstens zwei		N
Lösungswort:		

1 Blatt in der Mitte falten | 2 Seite mit dem Text lesen | 3 Blatt umdrehen und Quiz lösen

Um mit deiner Freundin Billie durch die Stadt zu cruisen, suchst du nach einem coolen Skateboard.

Auf einer Internetplattform findest du diese Kleinanzeigen. Dein Budget beträgt 30 Euro.

Skateboard „StreetMaster Pro", *mit LED-Rädern und Griptape in Flammenoptik, VB 40 €*
Longboard „Urban Cruiser", *mit extra breiten Achsen und stylischem Totenkopf-Design, VB 30 €*
Skateboard „Basic Board", *ohne Design, 10 €*
Skateboard Marke Eigenbau, *mit neuen Kugellagern und extra Grip, 20 Euro VB*

Kreuze an und finde das Lösungswort heraus.

Welches Skateboard ist das günstigste?		
Skateboard „Basic Board"		S
Skateboard Marke Eigenbau		L
Longboard „Urban Cruiser"		Ö
Wie heißt deine Freundin?		
Molli		P
Billie		K
Welches Design gibt es beim „Basic Board"?		
keins		A
Totenköpfe in Pink		W
Was bedeutet VB?		
Verkaufsbonus		R
Verhandlungsbasis		T
Wie teuer ist das teuerste Skateboard?		
40 Euro		E
30 Euro		U
Welche Optik hat das teuerste Skateboard?		
Flammenoptik		P
Augenoptik		M
Krokodilleder		T
Wo suchst du?		
Kleinanzeigen		AR
Schwarzes Brett im Supermarkt		UR
Flohmarkt		ER
Wie viel kannst du höchstens ausgeben?		
30 Euro		K
40 Euro		S
Lösungswort:		

1 Blatt in der Mitte falten 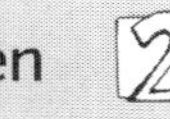 2 Seite mit dem Text lesen 3 Blatt umdrehen und Quiz lösen

Nur heute und nur hier im

Style-Depot

– dein Laden für coole Mode und angesagte Trends!

***1 Hoodie deiner Wahl** – nur heute für 25 Euro!*

***3 Basecaps zum Preis von einem** – ideal für dein perfektes Outfit!*

***Ein Paar Sneaker-Socken** – heute für nur 5 Euro! Die bequemen Socken, die zu jedem Look passen!*

Kreuze an und finde das Lösungswort heraus.

Wie heißt der Laden?		
Style-Depot		O
Streetwear-Hub		B
Wofür sind Basecaps gut?		
Für den Sonnenschutz		A
Um den Look perfekt zu machen		U
Wie viele Angebote hat das Style-Depot heute?		
3		T
2		S
4		P
Wie viele Basecaps bekommt man, wenn man eins bezahlt?		
1		H
3		F
5		G
Was kosten Sneaker-Socken?		
15 Euro		K
5 Euro		I
Was ist das Besondere an Sneaker-Socken?		
Sie passen zu jedem Look.		T
Sie sind extrem warm.		N
Lösungswort:		

1 Blatt in der Mitte falten 2 Seite mit dem Text lesen 3 Blatt umdrehen und Quiz lösen

In eurem Innenhof entdeckst du einen Zettel am Baum ...

Liebe Nachbarn,

an die Person, die seit Wochen heimlich meine Tulpen gießt – danke, aber die sind aus Plastik! 😅

Dein Engagement für die Pflanzenwelt ist echt bewundernswert. Aber diese Blumen brauchen leider kein Wasser.

Grüße von der Wohnung mit dem immergrünen Plastikdschungel (3. Stock, Balkon mit den roten Stühlen).

PS: Die Tomatenpflanzen auf dem Balkon daneben sind echt. Die freuen sich über jeden Schluck Wasser – und ich helfe bei der Ernte gerne!

PPS: Wer auch immer die Nachbarschaft mit Schokoriegeln versorgt – mach weiter so!
Du bist der wahre Held hier!

Euer Bro aus der Hood

XX

Kreuze an und finde das Lösungswort heraus.

Wer hat den Zettel geschrieben?		
Peter		P
Euer Bro		B
Um welche Blumen geht es hier?		
Sonnenblumen		A
Tulpen		E
Warum brauchen seine Blumen kein Wasser?		
Sie sind aus Plastik.		D
Es ist ein Kaktus.		S
Wo wohnt er?		
1. Stock		F
3. Stock		A
Welche Farbe haben seine Stühle?		
Grün		K
Rot		N
Welche Pflanzen stehen auf dem Balkon daneben?		
Tomatenpflanze		KE
Paprika		EN
Wofür bedankt er sich noch?		
fürs schöne Wetter		L
für die Schokoriegel		N
Lösungswort:		

1 Blatt in der Mitte falten | 2 Seite mit dem Text lesen | 3 Blatt umdrehen und Quiz lösen

Das ist dein Tag! Durch einen Zufall bekommst du gleich 3 Glückskekse auf einmal zugesteckt. Läuft bei dir!

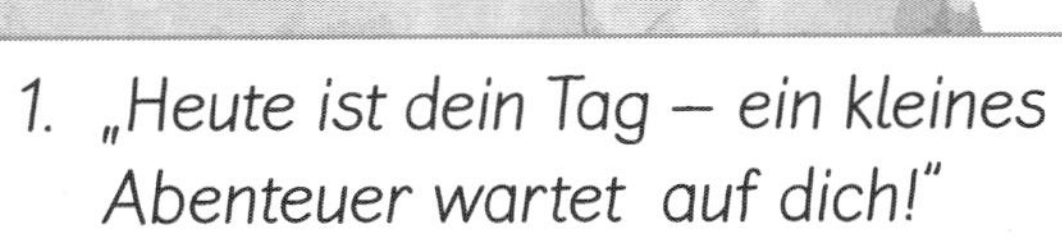

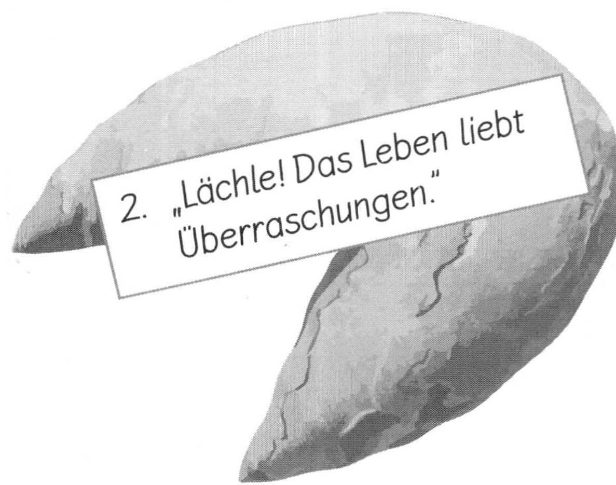

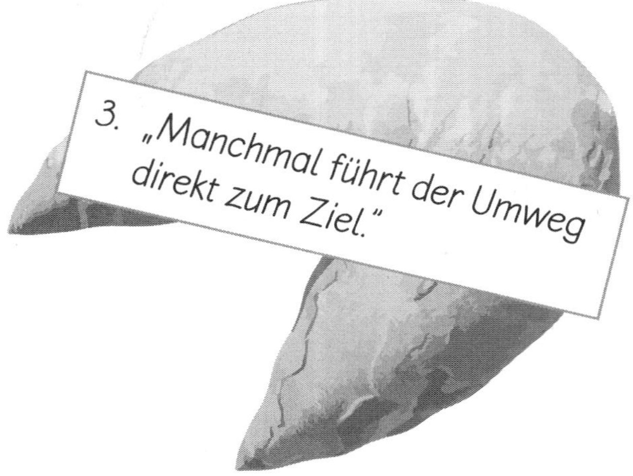

Kreuze an und finde das Lösungswort heraus.

Was wartet laut dem ersten Spruch auf dich?		
ein Geschenk		ER
ein kleines Abenteuer		TR
ein Lottogewinn		MO
Was liebt das Leben laut dem zweiten Spruch?		
spontane Auszeiten		Ü
Überraschungen		E
Lächeln		O
Was könnte der Umweg im dritten Spruch sein?		
eine längere Strecke		G
eine plötzliche Chance		F
Welche Form haben Glückskekse meistens?		
quadratisch und knusprig		K
halbrund und knusprig		F
Welche Botschaft haben Glückskekse meistens?		
eine Anleitung zum Kochen		U
eine positive Nachricht		E
Was könnte als Glück gelten?		
ein zufälliges Treffen mit einem alten Freund		R
ein regnerischer Tag		J
eine verpasste Chance		Z
Lösungswort:		

1 Blatt in der Mitte falten | 2 Seite mit dem Text lesen | 3 Blatt umdrehen und Quiz lösen

Dein Vater liebt reine, weiße Hemden. Und du deine strahlend weißen T-Shirts! Mit der Zeit vergilbt weiße Kleidung. Sie bekommt einen Gelbstich an vielen Stellen. Man kann sie aber mit einem Entfärber waschen.

Und so geht's:

Du brauchst:

- Entfärber für weiße Wäsche
- Waschmaschine

Schritte:

1. **Sortieren:** Nur vergilbte weiße Wäsche ohne Farbiges in die Waschmaschine geben.
2. **Entfärber hinzufügen:** Entfärber gemäß Verpackungshinweis in die Trommel oder das Waschmittelfach geben.
3. **Waschen:** Bei 40 °C oder 60 °C waschen.
4. **Trocknen:** In der Sonne aufhängen oder im Trockner trocknen.
5. **Wiederholen:** Falls nötig, den Vorgang wiederholen.

Kreuze an und finde das Lösungswort heraus.

Was solltest du als Erstes tun?		
Wäsche sortieren		LE
Maschine vorheizen		SU
Was bedeutet „gemäß Verpackungshinweis"?		
Ignorieren der Hinweise auf der Verpackung		I
entsprechend den Anweisungen auf der Verpackung		U
Wohin gibst du den Entfärber?		
direkt auf die Kleidung		L
in die Trommel oder in das Waschmittelfach		C
Wie heiß sollte gewaschen werden?		
90 °C		S
40 °C oder 60 °C		H
30 °C		V
Was heißt „vergilben"?		
wenn man verzeiht		P
wenn Weißes einen Gelbstich bekommt		T
Warum ist es sinnvoll, die Wäsche in der Sonne zu trocknen?		
UV-Strahlen helfen gegen Vergilbungen.		N
Weil das Wetter dann gut bleibt.		O
Was hilft, damit Wäsche gar nicht erst vergilbt?		
Wäsche in der Mikrowelle trocknen		T
regelmäßig waschen und in der Sonne trocknen		D
Lösungswort:		

1 Blatt in der Mitte falten | 2 Seite mit dem Text lesen | 3 Blatt umdrehen und Quiz lösen

Auf dem Nachhauseweg entdeckst du einen Zettel an einem Laternenpfahl ...

Hey,

ich suche einen Jungen, den ich Silvester getroffen habe.

Du hattest eine blaue Jacke an. Wir haben zusammen gelacht, und ich habe dich versehentlich mit dem Konfettiwerfer getroffen. Leider habe ich deinen Namen nicht erfahren.

Ich bin das Mädchen mit der weißen Mütze mit den komischen Hasenohren.

Wir haben um Mitternacht zusammen das große Feuerwerk angeschaut. Du hast gesagt, dass es schön ist, aber für mich war unser Gespräch noch schöner.

Falls du das liest und dich an mich und das Konfetti erinnerst, würde ich dich gerne wiedersehen.

Liebe Grüße,
das Mädchen mit der speziellen Mütze

Kreuze an und finde das Lösungswort heraus.

Wann haben sich die beiden gesehen?		
Osterfeuer		P
Silvester		S
Womit hat sie ihn beworfen?		
Glück		P
Konfetti		C
Knaller		R
Welche Farbe hatte seine Jacke?		
Blaugrün		A
Blau		H
Was haben Sie sich um Mitternacht angeschaut?		
die große Kirche		K
das große Feuerwerk		W
das große Konzert		J
Ihre Mütze hatte ...		
Hasenohren		A
Hamsterohren		H
Wie heißt der Junge?		
Sylvester		O
Das weiß sie nicht.		R
Was möchte sie?		
ihn wiedersehen		M
noch mal ein Feuerwerk sehen		P
Lösungswort:		

1 Blatt in der Mitte falten | 2 Seite mit dem Text lesen | 3 Blatt umdrehen und Quiz lösen

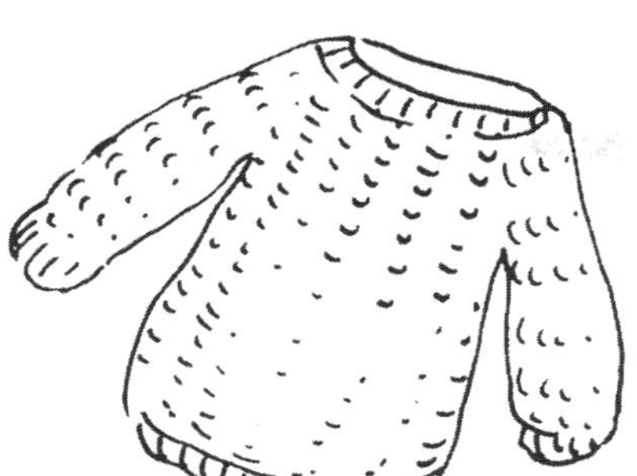

– – – News von der Berliner MODEWOCHE – – –

Auf der Modewoche in Berlin gab es eine aufregende Neuheit: ein Pullover aus einem geheimnisvollen Moos!

Dieses seltene Moos wächst in den dunklen Wäldern des Nordens. Es heißt „Feuermoos“. Erst wenn man den Pullover anzieht, wird das Moos warm und leuchtet in Rot.

Es ist nicht neu, Kleidung aus besonderem Material zu machen. Aber Feuermoos ist wirklich etwas Einzigartiges und wirkt fast magisch!

Ein Start-up aus Irland hatte diese fantastische Idee. Sie arbeiten mit der weltbekannten Modemarke Cucci zusammen und stellten den ersten Pullover aus Feuermoos vor.

Das Model Cat Moss durfte ihn auf dem Laufsteg zeigen.

Verblüffend und spannend, oder?!

Kreuze an und finde das Lösungswort heraus.

Wo ist die Modewoche?		
München		S
Berlin		F
Aus welchem Material soll die Kleidung gemacht werden?		
Schilf		P
Moos		A
Wie heißt das Material nun genau?		
Feuermoos		S
Grüngras		E
In welcher Farbe leuchtet der Pullover?		
Rot		H
Grün		N
Woher kommt das Start-up?		
England		A
Irland		I
Welche bekannte Modemarke macht mit?		
Prime Mark		E
Cucci		O
Welches Model zeigt den Pullover als Erste?		
Cat Moss		N
Harrie Style		P
Lösungswort:		

Ferienjob als Drachenfütterer (m/w/d)

Liebst du Abenteuer und hast eine Leidenschaft für magische Kreaturen? Dann ist dieser Job genau das Richtige für dich! Wir suchen einen Drachenfütterer (m/w/d) für unseren geheimen Drachenpark.

Du hast:

- gute Kenntnisse in Deutsch und einer weiteren Sprache, vorzugsweise Drakonisch
- 3 Jahre Erfahrung im Umgang mit fantastischen Wesen
- Kenntnisse in Zaubertränken und Drachenpflege
- eine Größe von mindestens 190 cm
- ein freundliches Auftreten, auch wenn ein Drache mal schlechte Laune hat
- Lust, hin und wieder mal am Wochenende zu arbeiten

Wir bieten:

- faire Bezahlung
- Tischkicker mit Drachenfiguren (Anti-Stress-Training)
- kostenloses magisches Obst und spannende Benefits

Kreuze an und finde das Lösungswort heraus.

Welche Sprachkenntnisse werden verlangt?		
Deutsch		T
fünf weitere Sprachen		R
Wie viel Jahre Erfahrung muss man mitbringen?		
0		E
3		R
Welche Kenntnisse brauchst du sonst noch?		
Zaubertränke		A
Microsoft Office 365		Y
Welche Größe solltest du haben?		
119 cm		E
190 cm		U
An welchen Tagen sollst du arbeiten?		
nur Di von 7:30 bis 11:45 Uhr		X
wird nicht konkret genannt		M
die ganze Woche und am Wochenende sowieso immer		D
Welche Bezahlung bekommst du?		
fairy		P
faire		J
Was sind Benefits?		
Weichteile		Ä
Vorteile		O
An welchem Standort ist der Job?		
Geheimer Drachenpark		B
China		T
Lösungswort:		

1 Blatt in der Mitte falten 2 Seite mit dem Text lesen 3 Blatt umdrehen und Quiz lösen

Heute im Kino: Popcorn, Filme und Spaß!

1. „Die Sternenjäger“ ☆
18:00 Uhr
Abenteuer / Science-Fiction
Schnall dich an und flieg mit uns durch die Galaxien! Ein Feuerwerk, das dich zum Staunen bringt – und vielleicht zum Ausrasten vor Begeisterung!

2. „Liebe auf den ersten Blick“ ♥
20:30 Uhr
Romantische Komödie
Herzklopfen und Lachkrämpfe inklusive! Diese Geschichte über die chaotische Suche nach der großen Liebe wird dir ein breites Grinsen ins Gesicht zaubern.

3. „Das alte Haus im Wald“

23:00 Uhr
Horror / Thriller
Traust du dich? Ein Thriller, der dir Gänsehaut garantiert! Ein Filmabend für alle, die es gerne gruselig mögen.

Kartenreservierung:
Hol dir deine Tickets und weitere Infos auf **kinokinoundnochmalkino.de**

Genieße einen tollen Filmabend bei uns im Kino!

Kreuze an und finde das Lösungswort heraus.

Wann beginnt der Film „Die Sternenjäger“?		
18:00 Uhr		LE
23:00 Uhr		Ki
20:30 Uhr		ON
Was für eine Art Film ist „Liebe auf den ersten Blick“?		
Horror		T
romantische Komödie		I
Science-Fiction		A
Was erwartet dich bei „Das alte Haus im Wald“?		
eine Reise ins All		G
ein gruseliger Film		N
eine Komödie		D
Welcher Film läuft als letzter am Abend?		
„Die Sternenjäger“		RA
„Liebe auf den ersten Blick“		TA
„Das alte Haus im Wald“		WA
Was solltest du unbedingt mit ins Kino nehmen?		
deine Hausaufgaben		B
einen Schlafsack		T
Popcorn		N
Wo kannst du Tickets reservieren?		
nur per Telefon		Ö
auf der Website des Kinos		D
bei deinen Nachbarn		Z
Lösungswort:		

1 Blatt in der Mitte falten 2 Seite mit dem Text lesen 3 Blatt umdrehen und Quiz lösen

Dein alter Deutschlehrer Herr Sorgenfrei schreibt eurer Klasse eine Postkarte:

> *Ich grüße euch von der schönen Insel La Palma!*
> *Hier gibt es Palmen ohne Ende.*
> *Das Wetter ist prima und ich gehe wirklich jeden Tag ins Meer und schwimme.*
> *Aber das ist ja längst nicht alles:*
> *Hier gibt es Vulkane, Wasserfälle und grüne Wälder zu bestaunen. La Palma nennt man auch „Isla Bonita". Das heißt auf Deutsch: schöne Insel. Hier ist es grüner als auf der Nachbarinsel Teneriffa.*
> *Die kann ich von hier aus sogar sehen!*
> *Mein Spanisch ist zwar etwas eingerostet, aber zum Einkaufen im Supermarkt reicht es noch. 😊*
> *Palmige Grüße an euch alle! 🌴*

Kreuze an und finde das Lösungswort heraus.

Wo ist dein alter Lehrer im Urlaub?		
Mallorca		F
La Palma		S
Wo geht er schwimmen?		
Meer		P
Wasserfall		M
Teich		R
Was gibt es noch außer Palmen?		
Vulkane		A
Gletscher		E
Was heißt „Isla Bonita"?		
schönes Mädchen		K
schöne Insel		N
Welche andere Insel kann er von dort aus sehen?		
Teneriffa		I
La Gomera		A
Welche Sprache wird auf La Palma gesprochen?		
Deutsch		O
Spanisch		E
Palmenisch		Ü
Wozu reicht sein Spanisch?		
zum Einkaufen		N
zum Essenbestellen		P
Lösungswort:		

1 Blatt in der Mitte falten 2 Seite mit dem Text lesen 3 Blatt umdrehen und Quiz lösen

Vermisstenanzeige: Unsere abenteuerlustige Katze ist auf Reisen

Unsere Katze **Biju** ist allein auf Entdeckungstour gegangen.

Das Ganze passierte auf dem Campingplatz **Waldwiese**. Biju ist eine grau getigerte Katze mit weißen Pfoten. Sie trägt kein Halsband. Sie mag absolut keinen Schmuck und ist eher so der Outdoor-Typ!

Am **20. August** um **18 Uhr** verschwand sie beim Spielplatz. Vermutlich sonnt sie sich oder jagt Mäuse.

Haben Sie sie gesehen? Vielleicht liegt sie auf Ihrer Picknickdecke? Bitte melden Sie sich bei uns! Wir sind unter **[0230123]** erreichbar oder beim Wohnwagen **Nr. 23**. Wir freuen uns über jeden Hinweis und bedanken uns gerne mit einem Stück Kuchen!

Vielen Dank fürs Mithelfen!

Familie Unverzagt

Kreuze an und finde das Lösungswort heraus.

Was hat Biju vermutlich auf ihrer Tour getestet?		
das Mäuseangebot		V
die Spielgeräte		S
Was trägt Biju um den Hals?		
Nichts, Schmuck ist überbewertet.		R
ein Diamanthalsband		O
einen weißen Schal		E
Wo könnte Biju gerade ein Nickerchen machen?		
im Zelt		G
auf Ihrer Picknickdecke		S
Wann ist Biju verschwunden?		
beim Frühstück		K
um 18 Uhr		T
nach dem Mittagessen		B
Wie wird Biju in der Anzeige beschrieben?		
als Couch-Potato		I
als kleine Draufgängerin		E
Welche Belohnung gibt es für Hinweise?		
ein Stück Kuchen		C
eine Katze		E
ein neues Zelt		Ü
Wo kann man die Familie erreichen?		
am Lagerfeuer		N
am Wohnwagen Nr. 23		K
Lösungswort:		

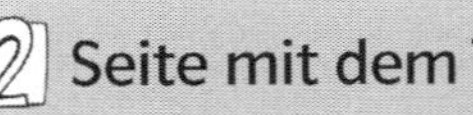

1 Blatt in der Mitte falten 2 Seite mit dem Text lesen 3 Blatt umdrehen und Quiz lösen

Verhaltensregeln in der Bücherei:

1. **Leise wie eine Maus:** Flüstere, damit du keine Bücher erschreckst.
2. **Handy auf Flugmodus:** Dein Telefon hat keinen Empfang hier – und niemand will deinen Klingelton hören.
3. **Bücher sind keine Malbücher:** Keine Kritzeleien, bitte. Behandle sie wie deine liebsten Schätze.
4. **Müll? Nimm ihn mit!** Die Bücherei ist kein Ort für deinen Kaffeebecher oder Snackverpackungen.
5. **Räume auf:** Dein Tisch soll nach dem Lesen nicht aus wie ein Chaosland aussehen.
6. **Kinder im Blick behalten:** Kleine Racker brauchen Aufsicht – keine wilden Abenteuer hier drinnen!

Danke für dein Verständnis und deine Rücksichtnahme!

Kreuze an und finde das Lösungswort heraus.

Was sollst du in der Bücherei mit deinem Handy machen?		
laut aufdrehen		VE
auf lautlos stellen		LE
laut vorlesen		PE
Wie sollte man die Bücher behandeln?		
mit Sorgfalt und ohne Knicke		S
als Untersetzer verwenden		O
Was ist in der Bücherei nicht erlaubt?		
Bücher ausleihen		G
laut sprechen		E
Was solltest du tun, wenn du den Platz verlässt?		
den Platz aufräumen und sauber hinterlassen		RA
die Bücher zurück ins Regal werfen		TA
Wie redest du, wenn du in der Bücherei reden musst?		
mit Musik im Hintergrund reden		B
flüsternd, um andere nicht zu stören		T
Was stimmt?		
Bücherei ist nur für Erwachsene.		NA
Man kann Bücher kostenlos ausleihen.		TE
Man darf Bücher nicht zurückbringen.		ZA
Lösungswort:		

1 Blatt in der Mitte falten 2 Seite mit dem Text lesen  Blatt umdrehen und Quiz lösen

Dein Tageshoroskop

Heute stehst du im Mittelpunkt der kosmischen Energie! Deine Kreativität sprudelt nur so. Nutze diesen Schwung, um etwas wirklich Einzigartiges zu schaffen: zum Beispiel ein spannendes Kunstwerk, eine originelle Geschichte oder ein witziger Tanz, der alle zum Lachen bringt.

Aber Vorsicht: Bei all der Magie in deinem Kopf ist es wichtig, auch mal ein bisschen Reality zu checken. Ein kurzer Abstecher in die echte Welt kann Wunder wirken, um deine Visionen noch klarer zu machen.

Und das Wichtigste: Vergiss nicht, heute herzhaft zu lachen. Dein Lächeln ist wie ein Kraftwerk, das deine Energie auflädt und dich durch den Tag trägt!

Kreuze an und finde das Lösungswort heraus. 

Was sprudelt heute bei bei dir?		
Energie		L
Kreativität		W
Glitzer		N
Wofür sollst du deine Kreativität heute nutzen?		
Kunst		U
Hausaufgaben		I
Schlafen		A
Was ist noch wichtig?		
viel schlafen		B
Reality checken		N
einen Spaziergang machen		K
Was sollst du heute unbedingt tun, um Energie aufzuladen?		
ein langes, anstrengendes Gespräch führen		T
herzhaft lachen		D
Was ist gut, um deine Visionen klarer zu machen?		
Abstecher in die echte Welt		E
lange arbeiten		B
Wie hilft dir Lachen?		
Es macht dich müde.		X
Es gibt dir mehr Energie.		R
Lösungswort:		

1 Blatt in der Mitte falten 2 Seite mit dem Text lesen 3 Blatt umdrehen und Quiz lösen

Rezept für Wraps mit Soße

Zutaten für 4 Portionen:
- 4 Tortillas
- 200 g Hähnchen oder Tofu
- 1 Paprika
- 1 Gurke
- 1 Karotte
- Salatblätter

Für die Soße:
- 3 EL Joghurt
- 1 EL Mayo
- 1 TL Senf
- Salz und Pfeffer

Zubereitung:
1. **Hähnchen/Tofu** klein schneiden und anbraten.
2. **Gemüse** in Streifen schneiden.
3. **Soße:** Joghurt, Mayo und Senf mischen, mit Salz und Pfeffer würzen.
4. **Tortillas** mit Soße bestreichen, Hähnchen/Tofu und Gemüse darauflegen.
5. **Wraps einrollen** und reinbeißen!

Kreuze an und finde das Lösungswort heraus.

Für wie viele Wraps ist das Rezept?		
4		L
1		G
Was sagt man noch zu Wrap?		
Kebab		A
Tortilla		E
Wie viele Gurken brauchst du?		
1		C
4		G
1/2		K
Was kommt nicht in den Wrap?		
Kartoffel		K
Salat		U
Was soll angebraten werden?		
Paprika		K
Hähnchen oder Tofu		E
Was kommt zuerst auf den ausgerollten Wrap?		
die geschnittenen Zutaten		D
die Soße		R
Lösungswort:		

1 Blatt in der Mitte falten 2 Seite mit dem Text lesen 3 Blatt umdrehen und Quiz lösen

Gebrauchsanweisung: „Beauty Blitz" – die Creme mit Wow-Effekt!

Was ist Beauty Blitz?

Eine Creme, die deine Haut so glatt macht, dass du kaum glauben wirst, wie gut du aussiehst. Besser als jeder Filter bei Instagram & Co.

Wie anwenden?

Morgens und abends auftragen.
5 Minuten einwirken lassen. Einmal täglich reicht völlig.

Was passiert?

Am ersten Tag färbt sich dein Körper neongrün. Aber das ist normal! Nach 3 Tagen wird deine Haut superweich und glatt. Achtung: Du könntest unheimlich gut aussehen!

Nebenwirkungen?

Deine Haut fühlt sich manchmal zu glatt an. Das legt sich nach ein paar Stunden.

Lagerung?

Kühl und trocken, hält 6 Monate.

Wichtiger Hinweis:

Nur verwenden, wenn du bereit bist für unheimlich gute Ergebnisse!

Kreuze an und finde das Lösungswort heraus.

Was ist Beauty Blitz?		
ein Influencer		L
eine Gesichtscreme		S
ein schöner Blitzeinschlag		N
Wie lange soll Beauty Blitz einwirken?		
1 Minute		U
5 Minute		C
10 Minute		A
Wie oft sollst du dich täglich eincremen?		
morgens und abends		H
Alle 2 Stunden mindestens		N
Was passiert am ersten Tag?		
Dein Körper färbt sich neongrün.		Ö
Du bekommst grüne Haare.		T
Nichts.		G
Was passiert nach 3 Tagen Anwendung?		
Die Haut wird trocken.		B
Die Haut wird superweich.		N
Es erscheinen dir Blitze.		E
Wie soll Beauty Blitz aufbewahrt werden?		
Ab ins Gefrierfach.		S
kühl und trocken		E
Wie lange hält Beauty Blitz?		
2 Monate		X
6 Monate		R
Lösungswort:		

1 Blatt in der Mitte falten  2 Seite mit dem Text lesen 3 Blatt umdrehen und Quiz lösen

Heute braucht deine Schwester mal ihre Ruhe. Sie muss lernen. Sie hat ein Schild an ihre Tür geklebt:

Regeln fürs Reinkommen 😎

1. ***Anklopfen, sonst nix!***
   Einfach so reinplatzen? No-Go! Klopf bitte, ich brauch manchmal einfach meine Ruhe.
2. ***Nur, wenn's echt wichtig ist.***
   Wenn's um Chips oder dein Ladekabel geht, lass es. Das kann warten.
3. ***„Nur mal kurz" gibt's hier nicht.***
   Wenn du das sagen willst, dreh lieber direkt um.
4. ***Chillige Fragen?***
   Schreib mir ne Nachricht.
   Sonst lass mich in Frieden! 😕

Danke und denk dran: Regeln sind cool.

Kreuze an und finde das Lösungswort heraus.

Was sollst du unbedingt machen, bevor du ins Zimmer kommst?		
klopfen		FR
rufen		JI
einfach reingehen		NE
Wann darfst du reinkommen?		
Wenn es wirklich wichtig ist.		I
Immer.		Ü
Wenn du Schokolade hast.		A
Was passiert, wenn du „Nur mal kurz" sagen willst?		
Du sollst direkt umdrehen.		E
Du darfst reinkommen.		N
Du sollst, so laut es geht, klopfen.		K
Wie solltest du chillige Fragen stellen?		
durchs Schlüsselloch rufen		H
eine Nachricht schreiben		D
Worum solltest du lieber nicht fragen, wenn es nicht dringend ist?		
nach Hausaufgaben		B
nach Chips oder Ladekabel		E
nach dem Wetter		N
Warum gibt es diese Regeln?		
weil die Tür klemmt.		X
weil Regeln cool sind.		N
Lösungswort:		

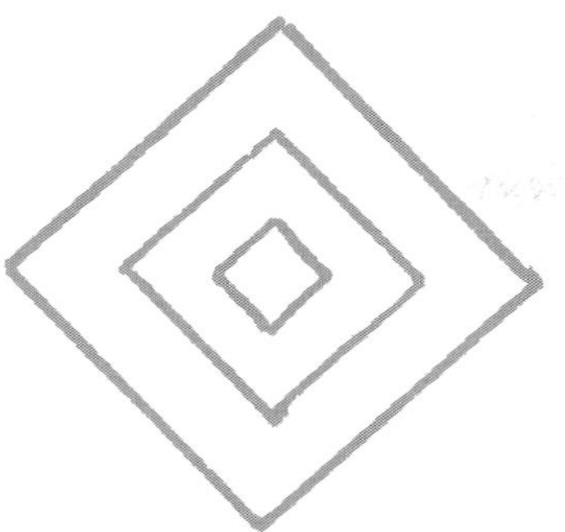

Handy verloren – Finderlohn!

Am Sonntag, den 01.06., habe ich mein Handy im Park verloren.

Besondere Merkmale: Es hat einen Aufkleber vom meinem Lieblingsfußballverein HSV hinten drauf.
Es hat noch die runde Taste, die man mit dem Fingerabdruck entsperrt.

Wer es hat, meldet sich bitte bei mir.

Aber nicht unter meiner Handynummer. Denn das Handy ist ja weg!

Finderlohn: 50 Euro

Bei Rückgabe winkt außerdem noch eine Überraschung!

Kreuze an und finde das Lösungswort heraus.

Was wird vermisst?		
Candy		R
Handy		F
Kopfhörer		N
Seit wann wird das Handy vermisst?		
seit Sonntag, den 01.06.		I
seit Samstag, den 06.01.		Ü
seit 6 Tagen		A
Was ist ein besonderes Merkmal?		
St.-Pauli-Aufkleber		E
HSV-Aufkleber		N
BVB-Aufkleber		K
In welchem Park ist es verschwunden?		
keine Angabe		H
im Stadtpark		D
Wie hoch ist der Finderlohn?		
80 Euro		B
50 Euro		E
15 Euro		N
Was gibt's noch als Belohnung?		
Zartbitter-Schokolade		X
Torte		I
Überraschung		N
Lösungswort:		

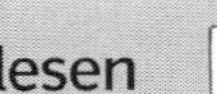

Fitness-Deal!

Jetzt 3 Monate kostenlos trainieren*! Die besten Geräte, Topkurse und professionelle Trainer warten auf dich!**

MELDE DICH NOCH HEUTE AN!

Wir sehen uns! 

Dein neues Lieblings-GYM

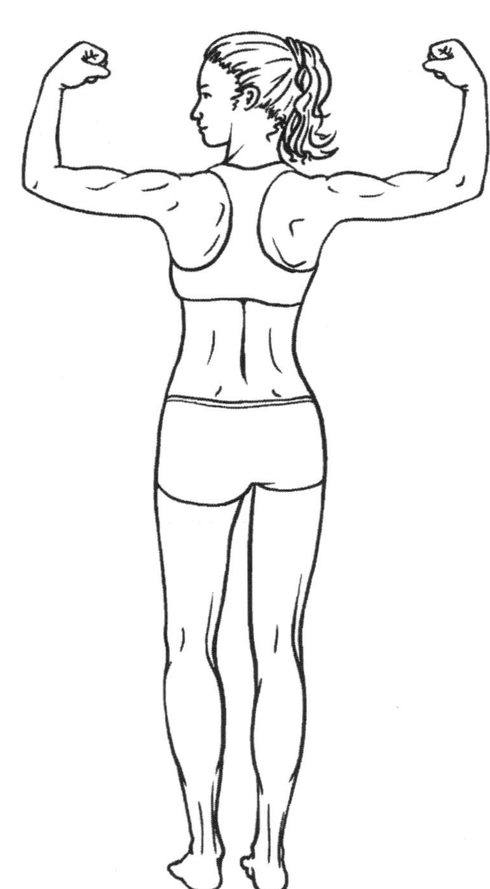

** Nach einer einmaligen Anmeldegebühr von 49,99 €, die nach den kostenlosen 3 Monaten fällig wird.*

*** Danach nur 29,99 € pro Monat.*
Vertragslaufzeit zwei Jahre. Das Abo verlängert sich automatisch jeweils um zwei weitere Jahre, wenn es nicht vor Ablauf einer Frist von 6 Monaten zum Vertragsende gekündigt wird.

Maximaler Vorteil durch exklusive Mitgliedsangebote und Rabatte.

Kreuze an und finde das Lösungswort heraus.

Wie lange kannst du im Fitnessstudio kostenlos trainieren?		
1 Monat		G
2 Monate		J
3 Monate		M
Was kostet die Anmeldegebühr nach den kostenlosen Monaten?		
19,99 €		IS
29,99 €		PA
49,99 €		US
Wie hoch ist der monatliche Beitrag nach den geschenkten Monaten?		
19,99 €		E
29,99 €		K
49,99 €		N
Wie lange beträgt die Vertragslaufzeit?		
1 Jahr		H
2 Jahre		E
Was passiert, wenn du den Vertrag nicht rechtzeitig kündigst?		
Du musst eine Strafgebühr zahlen.		B
Das Abo verlängert sich automatisch um zwei Jahre.		L
Welche Vorteile gibt es während der Mitgliedschaft?		
kostenlose Getränke		X
exklusive Angebote und Rabatte		N
Lösungswort:		

Lösungen

1. Rezept: Bananen-Mandelmilch-Shake	GESUND
2. Angebot: Happy-Weekend-Deal	ANMELDEN
3. Kleinanzeige: Skateboard	SKATEPARK
4. Sonderangebot: Nur heute	OUTFIT
5. Zettel im Hausflur: Blumen gießen	BEDANKEN
6. Sprüche: Glückskekse	TREFFER
7. Anleitung: Weiße Wäsche	LEUCHTEND
8. Suchanzeige: Junge von Silvester gesucht	SCHWARM
9. Zeitungsartikel: Modewoche in Berlin	FASHION
10. Stellenanzeige: Ferienjob	TRAUMJOB
11. Aushang: Kinoprogramm	LEINWAND
12. Postkarte: Grüße von der Insel	SPANIEN
13. Vermisstenanzeige: Biju verschwunden	VERSTECK
14. Regeln: Verhaltensregeln in der Bücherei	LESERATTE
15. Artikel in der Zeitschrift: Dein Tageshoroskop	WUNDER
16. Rezept: Wraps mit Soße	LECKER
17. Gebrauchsanweisung: Beauty-Blitz-Creme	SCHÖNER
18. Zettel an der Tür: Nicht stören!	FRIEDEN
19. Aushang: Handy verloren	FINDEN
20. Werbung: Fitness-Deal	MUSKELN